ADÃO E EVA, OS PRIMEIROS SERES HUMANOS. DEIXE A CENA BEM COLORIDA.

PINTE A CENA DE MOISÉS ABRINDO O MAR VERMELHO.

DEUS ENTREGOU A MOISÉS OS DEZ MANDAMENTOS.

VOCÊ SABIA QUE DAVI AMAVA MÚSICA?
DEIXE A CENA BEM COLORIDA.

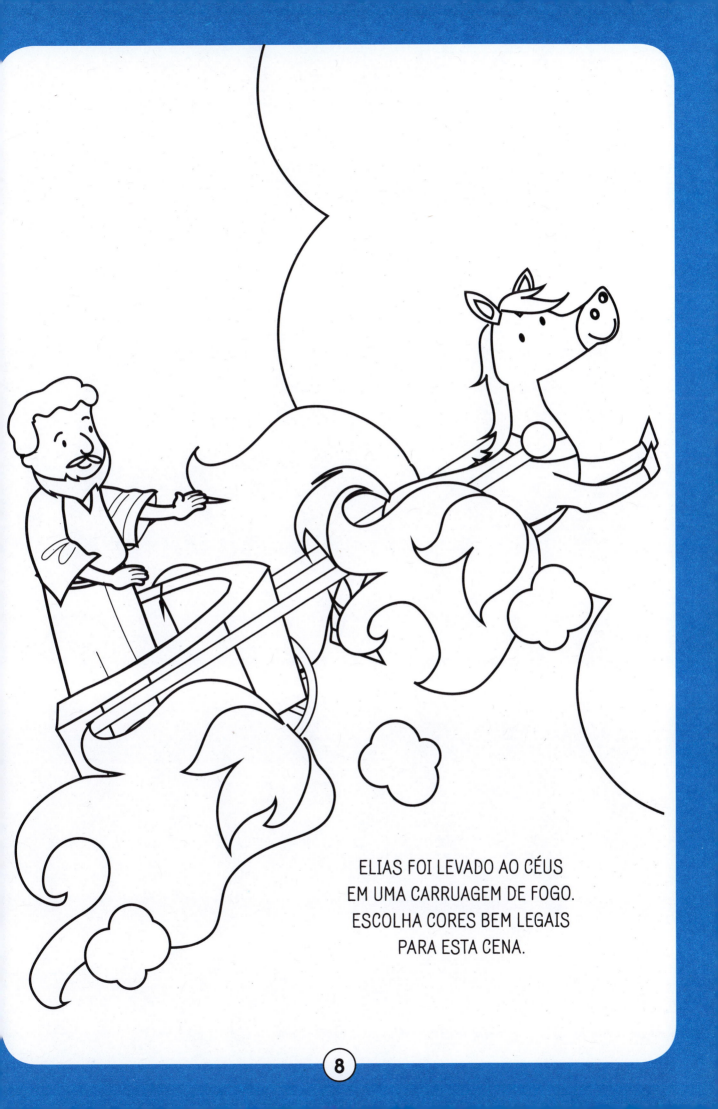

"O SENHOR É MEU PASTOR E NADA ME FALTARÁ."
SALMOS 23:1

"PREFERIRIA ESTAR À PORTA DA CASA DO MEU DEUS, A HABITAR NAS TENDAS DOS ÍMPIOS."
SALMOS 84:10

"LOUVAI AO SENHOR, PORQUE ELE É BOM;
PORQUE A SUA BENIGNIDADE DURA PARA SEMPRE."
SALMOS 136:1

E, ASSIM, OS LEÕES NÃO FERIRAM DANIEL.
DEIXE A CENA BEM COLORIDA.

DEIXE A CENA DO NASCIMENTO DE JESUS BEM COLORIDA.

QUANDO JESUS NASCEU, TRÊS MAGOS NOTARAM ALGO DIFERENTE NAS ESTRELAS, E FORAM ADORAR O MESSIAS QUE HAVIA NASCIDO. PINTE A CENA.

O MENINO JESUS É LEVADO AO TEMPLO, EM JERUSALÉM, PARA SER APRESENTADO AO SENHOR. VAMOS COLORIR A CENA?

JESUS É BATIZADO POR JOÃO BATISTA NO RIO JORDÃO.
ESCOLHA CORES BEM LEGAIS PARA ESTA CENA.

JESUS FAZ SEU PRIMEIRO MILAGRE: TRANSFORMA ÁGUA EM VINHO NAS BODAS DE CANÁ. PINTE A CENA.

PINTE A CENA DA MULTIPLICAÇÃO DOS PÃES E DOS PEIXES.

DIANTE DAS DIFICULDADES DA VIDA, PODEMOS CONFIAR QUE JESUS VAI NOS SOCORRER. VAMOS COLORIR A CENA?

JESUS É O BOM PASTOR QUE DÁ A VIDA POR SUAS OVELHAS. DEIXE A IMAGEM BEM BONITA.

"DEIXEM QUE AS CRIANÇAS VENHAM ATÉ MIM, POIS É DELAS O REINO DE DEUS. QUEM NÃO FOR COMO ELAS NÃO ENTRARÁ NELE!"

ZAQUEU SUBIU EM UMA ÁRVORE ALTA PARA VER JESUS PASSAR. PINTE A CENA.

ANTES DE JESUS SER CRUCIFICADO, ELE FEZ UMA REFEIÇÃO IMPORTANTE COM SEUS DISCÍPULOS: FOI A ÚLTIMA CEIA. PINTE A CENA.

Era aproximadamente meio-dia da sexta-feira e Jesus sofria. De repente, começou a escurecer e, às três horas da tarde, Jesus gritou bem alto:
— Pai, entrego o meu espírito nas tuas mãos!
Depois dessas palavras, Jesus morreu.

MAS NO DOMINGO, JESUS RESSUCITOU DOS MORTOS!
VAMOS COLORIR A CENA DESTA NOTÍCIA MARAVILHOSA?